Impressum
Verlag: BABADADA GmbH, Nedderfeld 112 , 22529 Hamburg
Geschäftsführer / Verlagsleitung: Harald Hof
Druck: Books on Demand GmbH, In de Tarpen 42, 22848 Norderstedt

Imprint
Publisher: BABADADA GmbH, Nedderfeld 112 , 22529 Hamburg, Germany
Managing Director / Publishing direction: Harald Hof
Print: Books on Demand GmbH, In de Tarpen 42, 22848 Norderstedt, Germany

# die Schule

# escuela

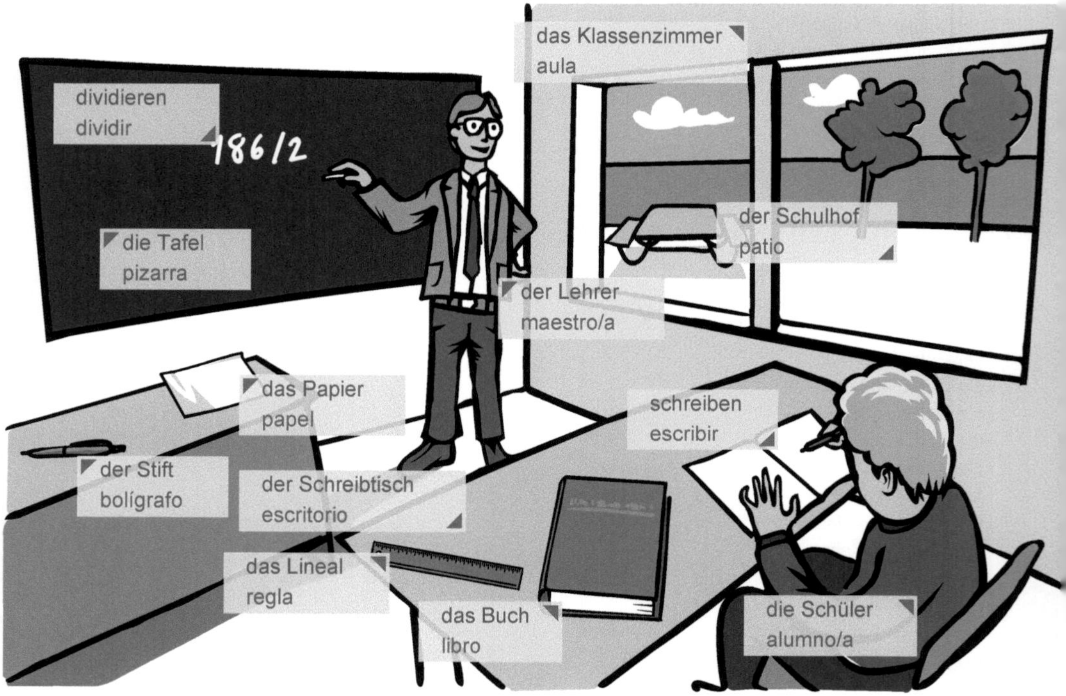
das Klassenzimmer
aula
dividieren
dividir
186/2
die Tafel
pizarra
der Schulhof
patio
der Lehrer
maestro/a
das Papier
papel
schreiben
escribir
der Stift
bolígrafo
der Schreibtisch
escritorio
das Lineal
regla
das Buch
libro
die Schüler
alumno/a

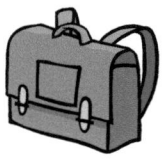

der Ranzen

cartera

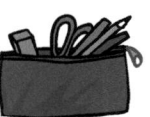

die Federmappe

caja de lápices

der Bleistift

lápiz

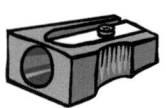

der Bleistiftanspitzer

sacapuntas

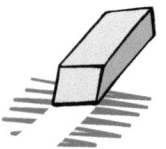

das Radiergummi

goma de borrar

der Zeichenblock

cuaderno de dibujo

die Zeichnung

dibujo

der Pinsel

pincel

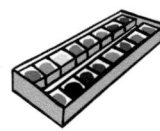

der Malkasten

caja de pinturas

die Schere

tijeras

der Klebstoff

pegamento

das Übungsheft

cuaderno de ejercicios

die Hausaufgabe

deberes

**12**

die Zahl

número

**2+2**

addieren

sumar

**5-2**

subtrahieren

restar

**2×2**

multiplizieren

multiplicar

rechnen

calcular

**A**

der Buchstabe

letra

**ABCDEFG HIJKLMN OPQRSTU VWXYZ**

das Alphabet

alfabeto

**hello**

das Wort

palabra

der Text

texto

lesen

leer

die Kreide

tiza

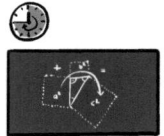

die Stunde

lección

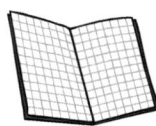

das Klassenbuch

cuaderno de notas

die Prüfung

examen

das Zeugnis

certificado

die Schuluniform

uniforme escolar

die Ausbildung

educación

das Lexikon

enciclopedia

die Universität

universidad

das Mikroskop

microscopio

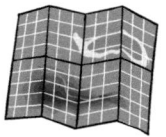

die Karte

mapa

der Papierkorb

papelera

# die Reise
## viaje

das Hotel
hotel
Grand
die Herberge
albergue
ROOMS
die Wechselstube
oficina de cambio de divisas
der Koffer
maleta
das Auto
coche

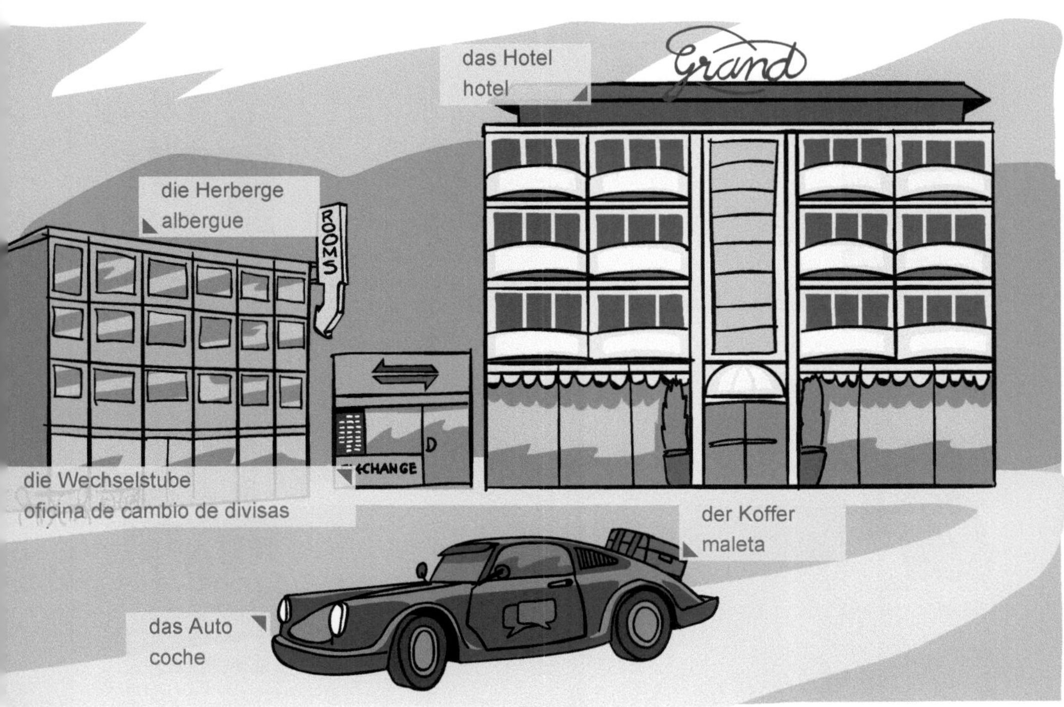

die Sprache

idioma

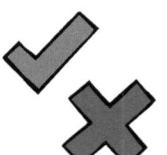

ja / nein

sí / no

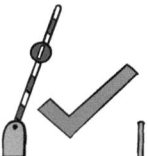

Okay

Vale

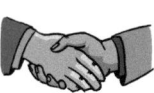

Hallo

hola

der Übersetzer

traductor

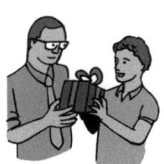

Danke

Gracias

Was kostet...?

¿cuánto es...?

Ich verstehe nicht

No entiendo

das Problem

problema

Guten Abend!

¡Buenas tardes!

Guten Morgen!

¡Buenos días!

Gute Nacht!

¡Buenas noches!

Auf Wiedersehen

adiós

die Richtung

dirección

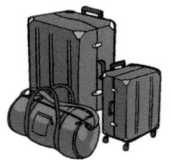

das Gepäck

equipaje

die Tasche

bolsa

der Rucksack

mochila

der Gast

invitado

das Zimmer

habitación

der Schlafsack

saco de dormir

das Zelt

tienda de campaña

die Touristeninformation

información turística

der Strand

playa

die Kreditkarte

tarjeta de crédito

das Frühstück

desayuno

das Mittagessen

almuerzo

das Abendessen

cena

die Fahrkarte

billete

der Fahrstuhl

ascensor

die Briefmarke

sello

die Grenze

frontera

der Zoll

aduana

die Botschaft

embajada

das Visum

visa

der Pass

pasaporte

# der Transport
# transporte

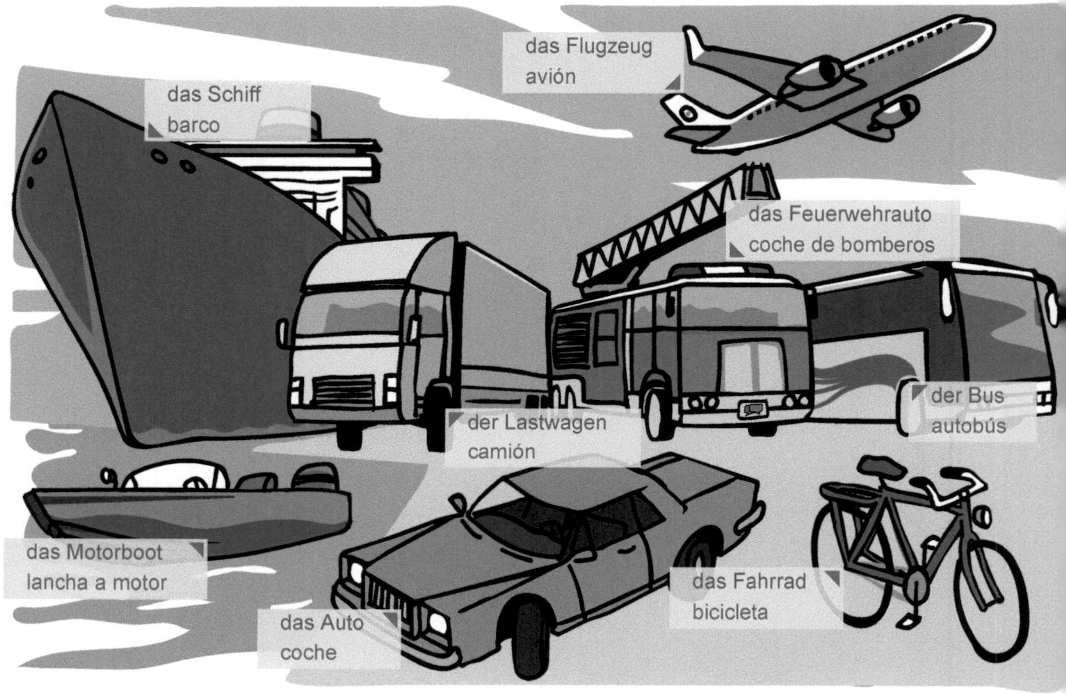
das Flugzeug
avión
das Schiff
barco
das Feuerwehrauto
coche de bomberos
der Bus
autobús
der Lastwagen
camión
das Motorboot
lancha a motor
das Fahrrad
bicicleta
das Auto
coche

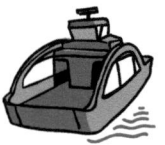

die Fähre

transbordador

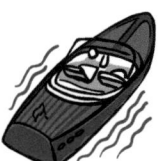

das Boot

barca

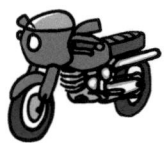

das Motorrad

moto

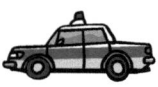

das Polizeiauto

coche de policía

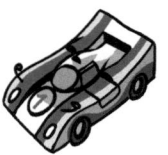

das Rennauto

coche de carreras

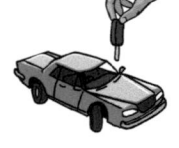

der Mietwagen

coche de alquiler

das Carsharing

préstamo de vehículos

der Abschleppwagen

grúa

das Müllauto

camión de la basura

der Motor

motor

der Kraftstoff

gasolina

die Tankstelle

gasolinera

das Verkehrsschild

señal de tráfico

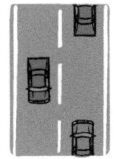

der Verkehr

tráfico

der Stau

atasco

der Parkplatz

aparcamiento

der Bahnhof

estación de tren

die Schienen

vías

der Zug

tren

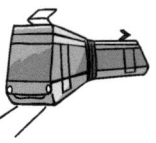

die Straßenbahn

tranvía

der Wagon

vagón

der Helikopter

helicóptero

der Flughafen

aeropuerto

der Tower

torre

der Passagier

pasajero

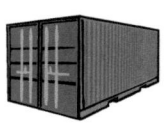

der Container

contenedor

der Karton

caja de cartón

der Karren

carretilla

der Korb

cesta

starten / landen

despegar / aterrizar

## die Stadt
## ciudad

das Dorf

pueblo

das Stadtzentrum

centro de ciudad

das Haus

casa

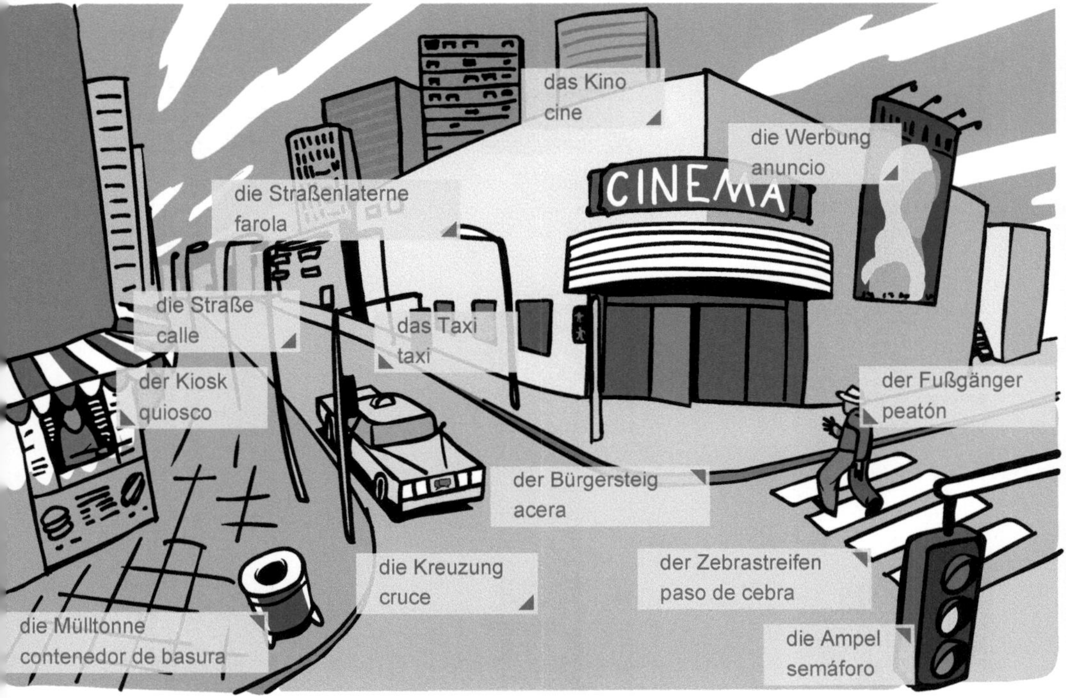

das Kino
cine

die Werbung
anuncio

die Straßenlaterne
farola

CINEMA

die Straße
calle

das Taxi
taxi

der Kiosk
quiosco

der Fußgänger
peatón

der Bürgersteig
acera

die Kreuzung
cruce

der Zebrastreifen
paso de cebra

die Mülltonne
contenedor de basura

die Ampel
semáforo

die Hütte

cabaña

die Wohnung

apartamento

der Bahnhof

estación de tren

das Rathaus

ayuntamiento

das Museum

museo

die Schule

escuela

die Universität

universidad

die Bank

banco

das Krankenhaus

hospital

das Hotel

hotel

die Apotheke

farmacia

das Büro

oficina

die Buchhandlung

librería

das Geschäft

tienda

der Blumenladen

floristería

der Supermarkt

supermercado

der Markt

mercado

das Kaufhaus

grandes almacenes

der Fischhändler

pescadería

das Einkaufszentrum

centro comercial

der Hafen

puerto

der Park

parque

die Bank

banco

die Brücke

puente

die Treppe

escaleras

die U-Bahn

metro

der Tunnel

túnel

die Bushaltestelle

parada de autobús

die Bar

bar

das Restaurant

restaurante

der Briefkasten

buzón

das Straßenschild

poste indicador

die Parkuhr

parquímetro

der Zoo

zoo

die Badeanstalt

piscina

die Moschee

mezquita

der Bauernhof

granja

die Umweltverschmutzung

contaminación

der Friedhof

cementerio

die Kirche

iglesia

der Spielplatz

patio de juego

der Tempel

templo

## die Landschaft

## paisaje

das Blatt
hoja

der Wegweiser
señal

der Weg
camino

die Wiese
prado

der Stein
piedra

der Wanderer
excursionista

der Baum
árbol

der Fluss
río

das Gras
hierba

die Blume
flor

das Tal

valle

der Berg

colina

der See

lago

der Wald

bosque

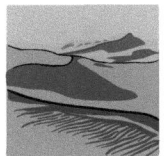

die Wüste

desierto

der Vulkan

volcán

das Schloss

castillo

der Regenbogen

arcoíris

der Pilz

champiñón

die Palme

palmera

der Moskito

mosquito

die Fliege

mosca

die Ameise

hormiga

die Biene

abeja

die Spinne

araña

der Käfer

escarabajo

der Frosch

rana

das Eichhörnchen

ardilla

der Igel

erizo

der Hase

liebre

die Eule

lechuza

die Vogel

pájaro

der Schwan

cisne

das Wildschwein

jabalí

der Hirsch

ciervo

der Elch

alce

der Staudamm

presa

das Windrad

turbina eólica

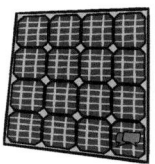

das Solarmodul

panel solar

das Klima

clima

# das Restaurant
# restaurante

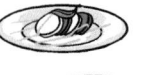

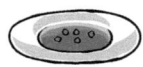

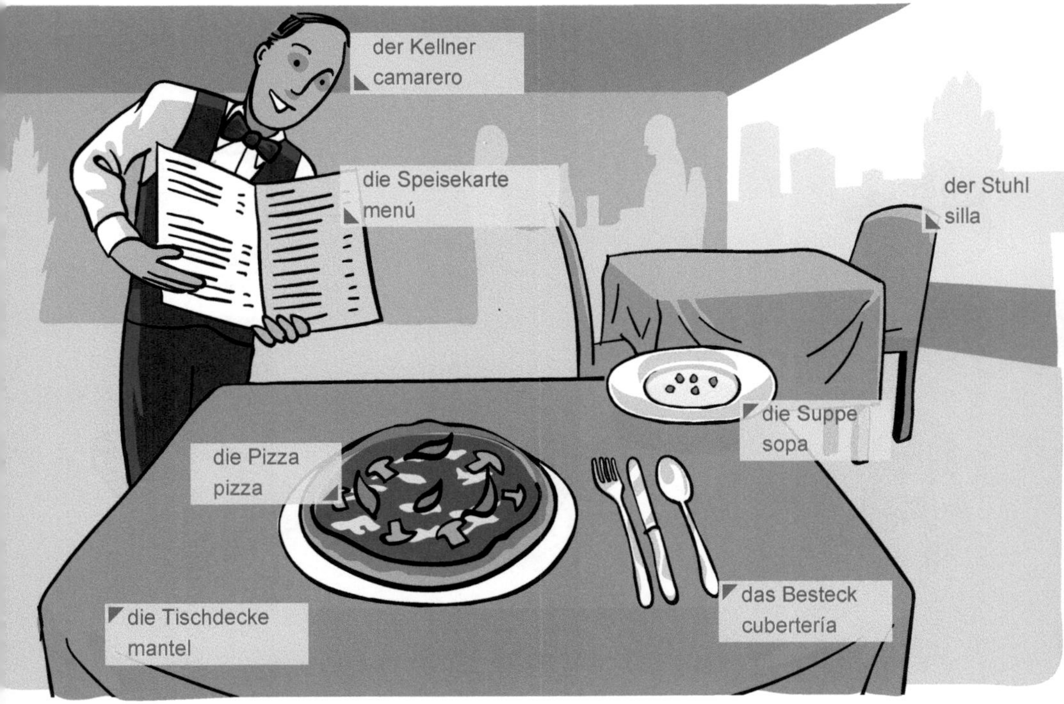
der Kellner
camarero
die Speisekarte
menú
der Stuhl
silla
die Suppe
sopa
die Pizza
pizza
das Besteck
cubertería
die Tischdecke
mantel

die Vorspeise

primer plato

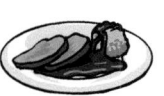

das Hauptgericht

plato principal

die Nachspeise

postre

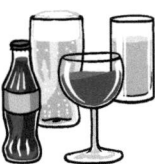

die Getränke

bebidas

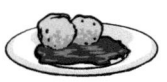

das Essen

comida

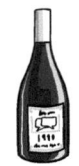

die Flasche

botella

**das Fastfood**

comida rápida

**das Streetfood**

comida callejera

**die Teekanne**

tetera

**die Zuckerdose**

azucarero

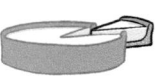

**die Portion**

porción

**die Espressomaschine**

cafetera expreso

**der Hochstuhl**

trona

**die Rechnung**

cuenta

**das Tablett**

bandeja

**das Messer**

cuchillo

**die Gabel**

tenedor

**der Löffel**

cuchara

**der Teelöffel**

cucharilla

**die Serviette**

servilleta

**das Glas**

vaso

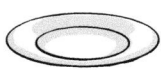

**der Teller**
plato

**der Suppenteller**
plato hondo

**die Untertasse**
platillo

**die Sauce**
salsa

**der Salzstreuer**
salero

**die Pfeffermühle**
molinillo de pimienta

**der Essig**
vinagre

**das Öl**
aceite

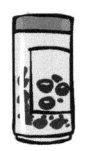

**die Gewürze**
especias

**das Ketchup**
ketchup

**der Senf**
mostaza

**die Mayonnaise**
mayonesa

# der Supermarkt
## supermercado

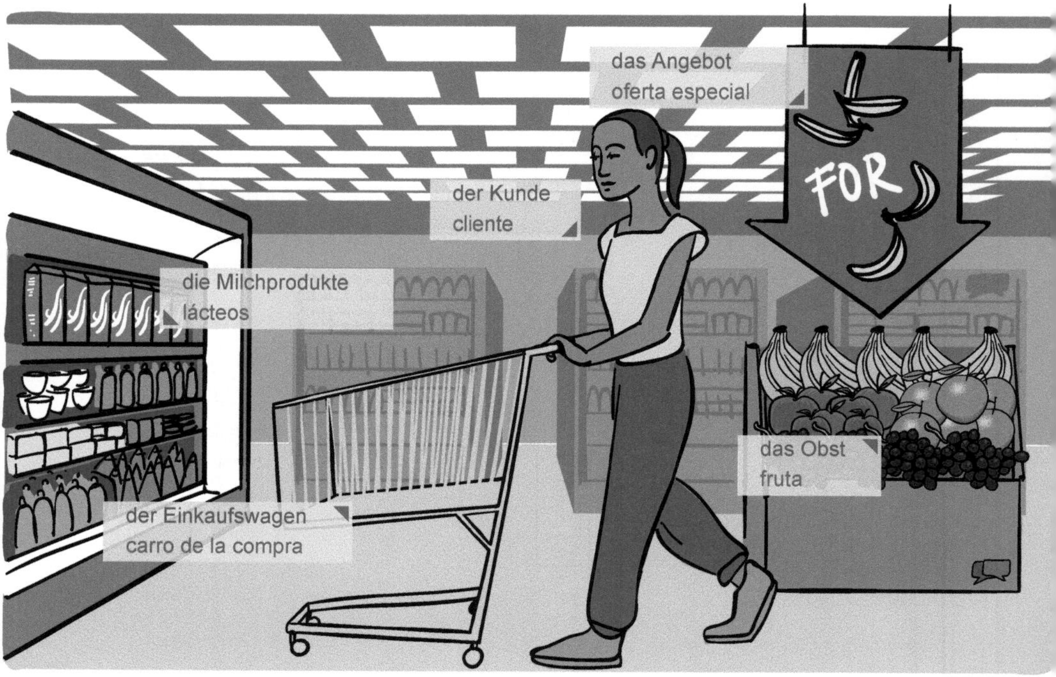

das Angebot
oferta especial
FOR
der Kunde
cliente
die Milchprodukte
lácteos
das Obst
fruta
der Einkaufswagen
carro de la compra


BUTCHERS


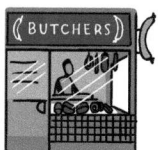

die Schlachterei

carnicería

BAKERY


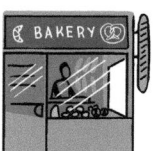

die Bäckerei

panadería

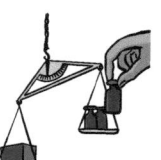

wiegen

pesar

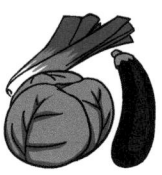

das Gemüse

verduras

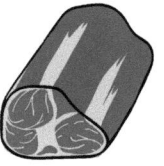

das Fleisch

carne

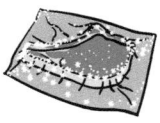

die Tiefkühlkost

alimentos congelados

der Aufschnitt

fiambres

die Konserven

conservas

das Waschmittel

detergente en polvo

die Süßigkeiten

dulces

die Haushaltsartikel

productos de uso doméstico

das Reinigungsmittel

productos de limpieza

die Verkäuferin

vendedora

die Kasse

caja

der Kassierer

cajero

die Einkaufsliste

lista de la compra

die Öffnungszeiten

horario de atención al público

die Brieftasche

cartera

die Kreditkarte

tarjeta de crédito

die Tasche

bolsa

die Plastiktüte

bolsa de plástico

das Wasser

agua

der Saft

zumo

die Milch

leche

die Cola

cola

der Wein

vino

das Bier

cerveza

der Alkohol

alcohol

der Kakao

cacao

der Tee

té

der Kaffee

café

der Espresso

expreso

der Cappuccino

capuchino

**die Banane**

plátano

**der Apfel**

manzana

**die Orange**

naranja

**die Melone**

melón

**die Zitrone**

limón

**die Karotte**

zanahoria

**der Knoblauch**

ajo

**der Bambus**

bambú

**die Zwiebel**

cebolla

**der Pilz**

champiñón

**die Nüsse**

avellanas

**die Nudeln**

fideos

die Spaghetti

espagueti

der Reis

arroz

der Salat

ensalada

die Pommes frites

patatas fritas

die Bratkartoffeln

patatas fritas

die Pizza

pizza

der Hamburger

hamburguesa

das Sandwich

sándwich

das Schnitzel

filete

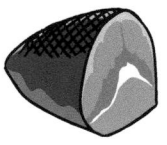

der Schinken

jamón

die Salami

salami

die Wurst

salchicha

das Huhn

pollo

der Braten

asado

der Fisch

pescado

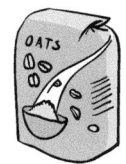

die Haferflocken

copos de avena

das Müsli

muesli

die Cornflakes

copos de maíz

das Mehl

harina

das Croissant

cruasán

das Brötchen

panecillo

das Brot

pan

der Toast

tostada

die Kekse

galletas

die Butter

mantequilla

der Quark

cuajada

der Kuchen

pastel

das Ei

huevo

das Spiegelei

huevo frito

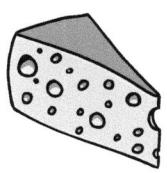

der Käse

queso

die Eiscreme

helado

der Zucker

azúcar

der Honig

miel

die Marmelade

mermelada

die Nougat-Creme

crema de turrón

das Curry

curry

# der Bauernhof
# granja

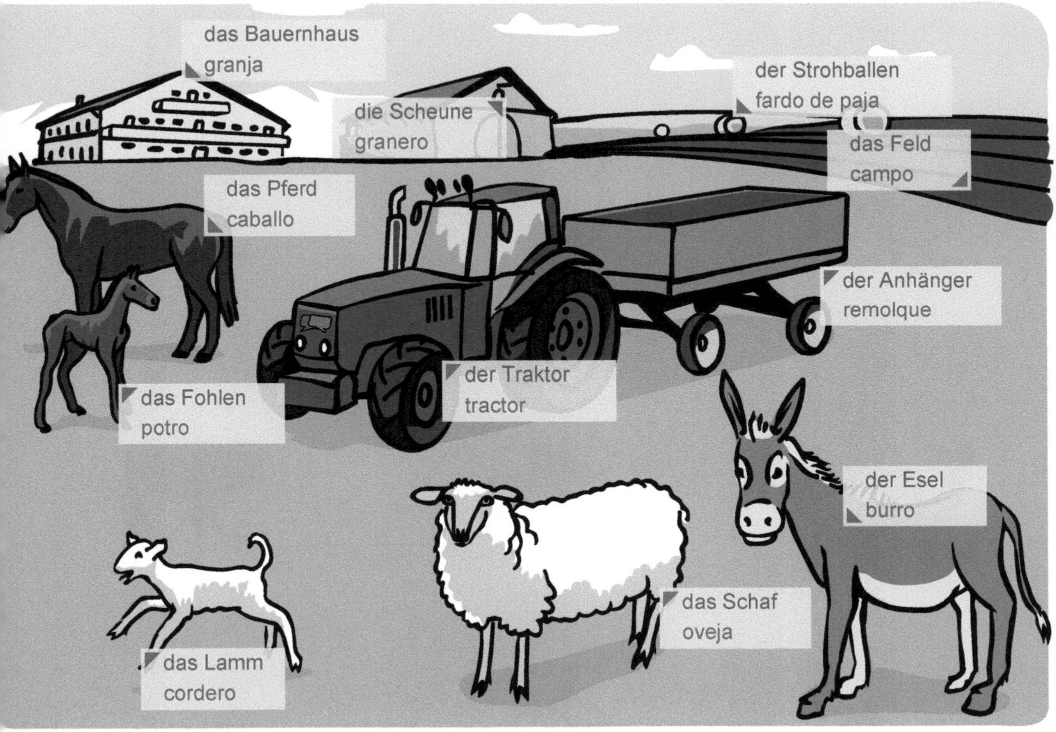
das Bauernhaus
granja
die Scheune
granero
der Strohballen
fardo de paja
das Feld
campo
das Pferd
caballo
der Anhänger
remolque
der Traktor
tractor
das Fohlen
potro
der Esel
burro
das Schaf
oveja
das Lamm
cordero

die Ziege

cabra

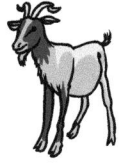

die Kuh

vaca

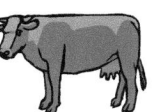

das Kalb

ternero

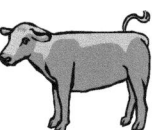

das Schwein

cerdo

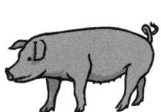

das Ferkel

cerdito

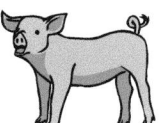

der Bulle

toro

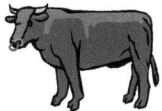

**die Gans**

ganso

**die Ente**

pato

**das Küken**

pollo

**das Huhn**

gallina

**der Hahn**

gallo

**die Ratte**

rata

**die Katze**

gato

**die Maus**

ratón

**der Ochse**

buey

**der Hund**

perro

**die Hundehütte**

perrera

**der Gartenschlauch**

manguera

**die Gießkanne**

regadera

**die Sense**

guadaña

**der Pflug**

arado

die Sichel

hoz

die Hacke

azada

die Mistgabel

horca

die Axt

hacha

die Schubkarre

carretilla

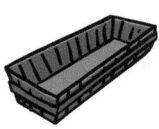

der Trog

abrevadero

die Milchkanne

lechera

der Sack

saco

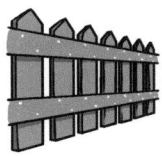

der Zaun

valla

der Stall

establo

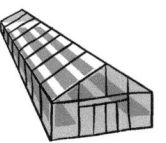

das Treibhaus

invernadero

der Boden

suelo

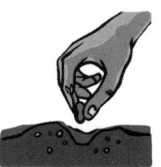

die Saat

semilla

der Dünger

fertilizador

der Mähdrescher

cosechadora

ernten

cosechar

die Ernte

cosecha

die Yamswurzel

ñame

der Weizen

trigo

das Soja

soja

die Kartoffel

patata

der Mais

maíz

der Raps

semilla de colza

der Obstbaum

árbol frutal

der Maniok

mandioca

das Getreide

cereales

# das Haus
## casa

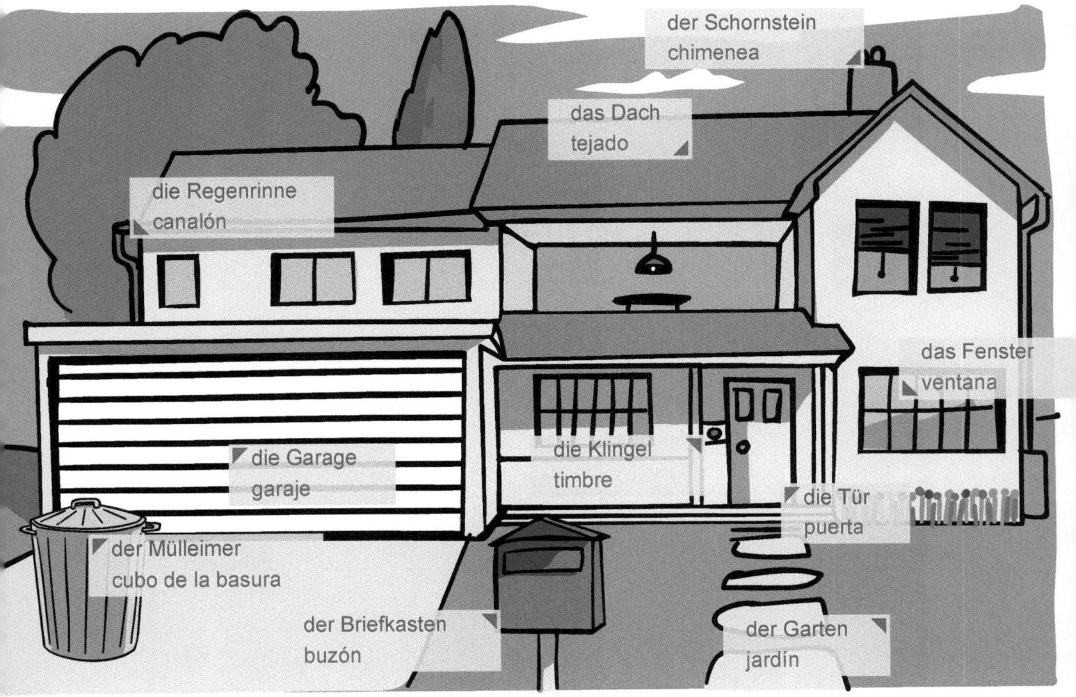
der Schornstein
chimenea
das Dach
tejado
die Regenrinne
canalón
das Fenster
ventana
die Garage
garaje
die Klingel
timbre
die Tür
puerta
der Mülleimer
cubo de la basura
der Briefkasten
buzón
der Garten
jardín

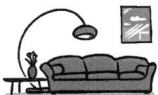

das Wohnzimmer

sala

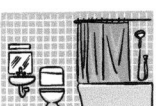

das Badezimmer

cuarto de baño

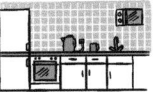

die Küche

cocina

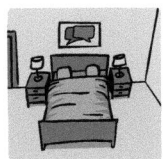

das Schlafzimmer

dormitorio

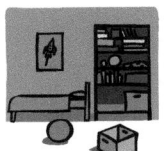

das Kinderzimmer

habitación de los niños

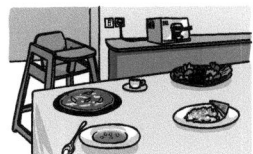

das Esszimmer

comedor

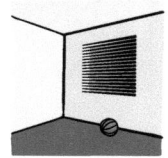

der Boden
suelo

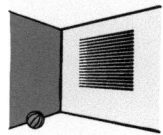

die Wand
pared

die Decke
techo

der Keller
sótano

die Sauna
sauna

der Balkon
balcón

die Terrasse
terraza

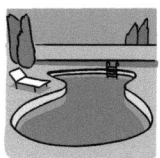

das Schwimmbad
piscina

der Rasenmäher
cortacésped

der Bettbezug
sábana

die Bettdecke
colcha

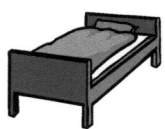

das Bett
cama

der Besen
escoba

der Eimer
balde

der Schalter
interruptor

# das Wohnzimmer
## sala

die Tapete
papel pintado
das Bild
imagen
die Lampe
lámpara
das Regal
estante
der Schrank
armario
der Fernseher
televisión
der Kamin
chimenea
die Blume
flor
das Kissen
cojín
das Sofa
sofá
die Vase
jarrón
die Fernbedienung
mando a distancia

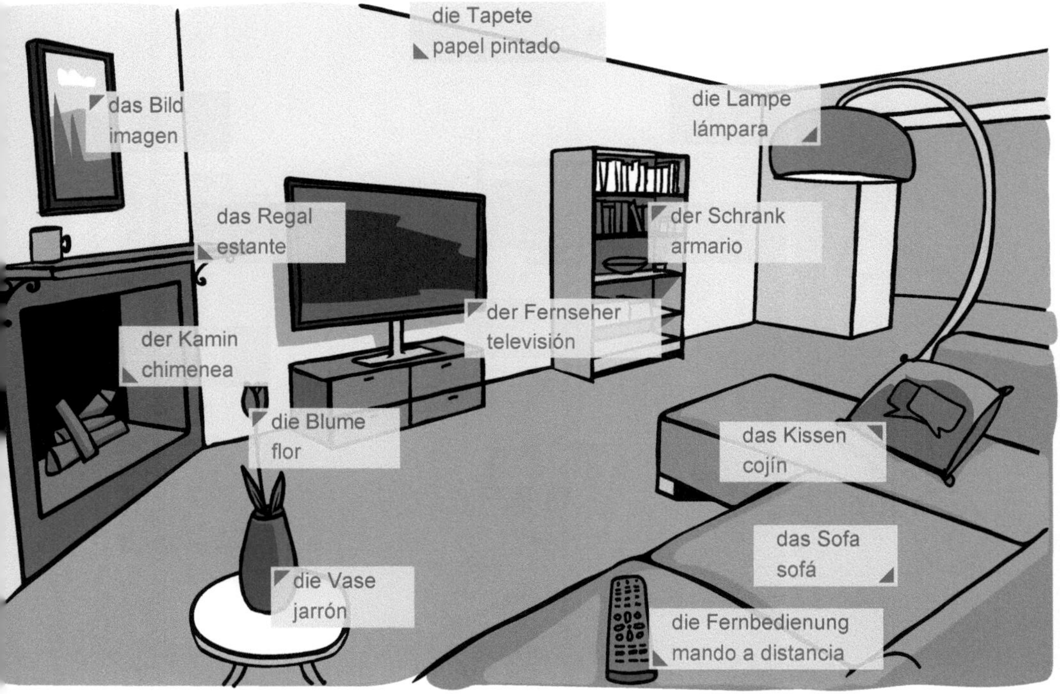

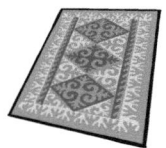

der Teppich

alfombra

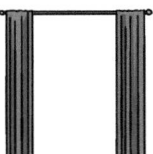

der Vorhang

cortina

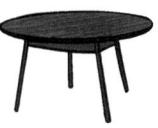

der Tisch

mesa

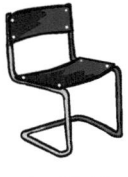

der Stuhl

silla

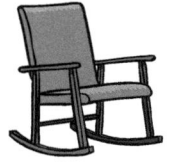

der Schaukelstuhl

mecedora

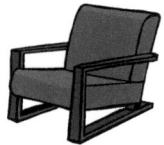

der Sessel

butaca

**das Buch**

libro

**die Decke**

manta

**die Dekoration**

decoración

**das Feuerholz**

leña

**der Film**

película

**die Stereoanlage**

equipo de música

**der Schlüssel**

llave

**die Zeitung**

periódico

**das Gemälde**

pintura

**das Poster**

póster

**das Radio**

radio

**der Notizblock**

cuaderno

**der Staubsauger**

aspiradora

**der Kaktus**

cactus

**die Kerze**

vela

# die Küche
# cocina

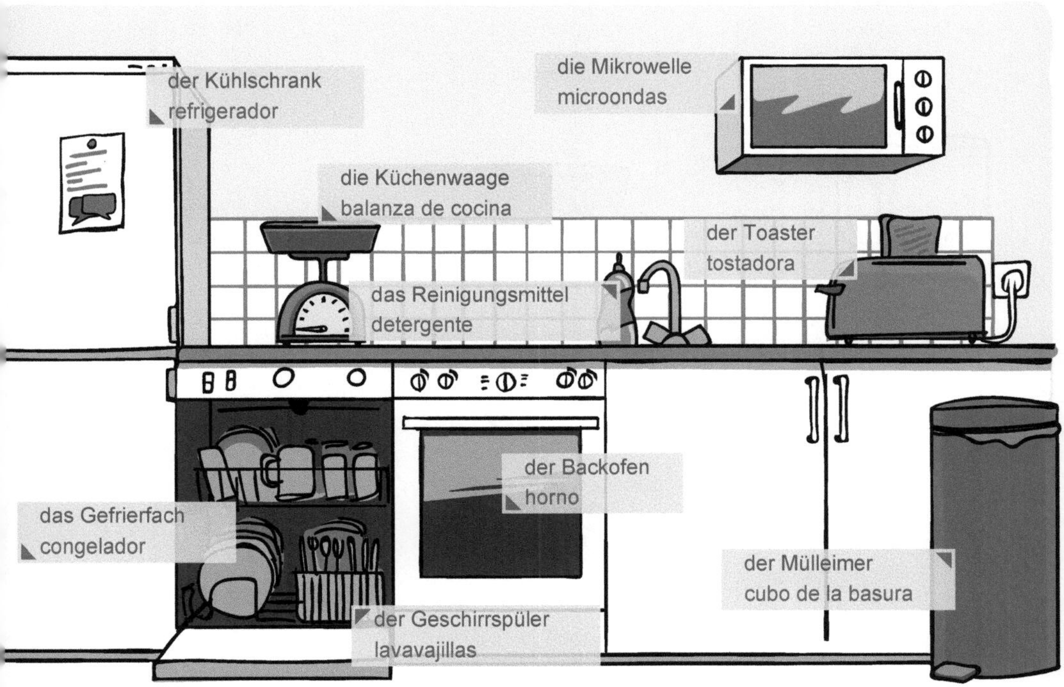
der Kühlschrank
refrigerador
die Mikrowelle
microondas
die Küchenwaage
balanza de cocina
der Toaster
tostadora
das Reinigungsmittel
detergente
der Backofen
horno
das Gefrierfach
congelador
der Mülleimer
cubo de la basura
der Geschirrspüler
lavavajillas

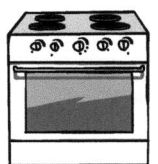

der Herd

olla a presión

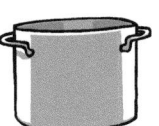

der Topf

olla

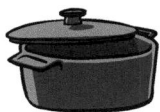

der Eisentopf

olla de hierro fundido

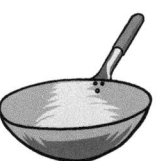

der Wok / Kadai

wok / karahi

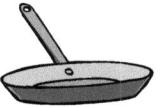

die Pfanne

cazuela

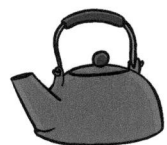

der Wasserkocher

hervidor

der Dampfgarer

vaporera

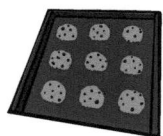

das Backblech

chapa de horno

das Geschirr

vajilla

der Becher

taza

die Schale

tazón

die Essstäbchen

palillos

die Suppenkelle

cucharón

der Pfannenwender

espumadera

der Schneebesen

batidor

das Kochsieb

colador

das Sieb

cedazo

die Reibe

rallador

der Mörser

mortero

der Grill

barbacoa

die Feuerstelle

hoguera

das Schneidebrett

tabla de picar

das Nudelholz

rodillo

der Korkenzieher

sacacorchos

die Dose

lata

der Dosenöffner

abrelatas

der Topflappen

agarrador

das Waschbecken

lavabo

die Bürste

cepillo

der Schwamm

esponja

der Mixer

batidora

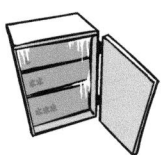

die Gefriertruhe

congelador

die Babyflasche

biberón

der Wasserhahn

grifo

# das Badezimmer
# cuarto de baño

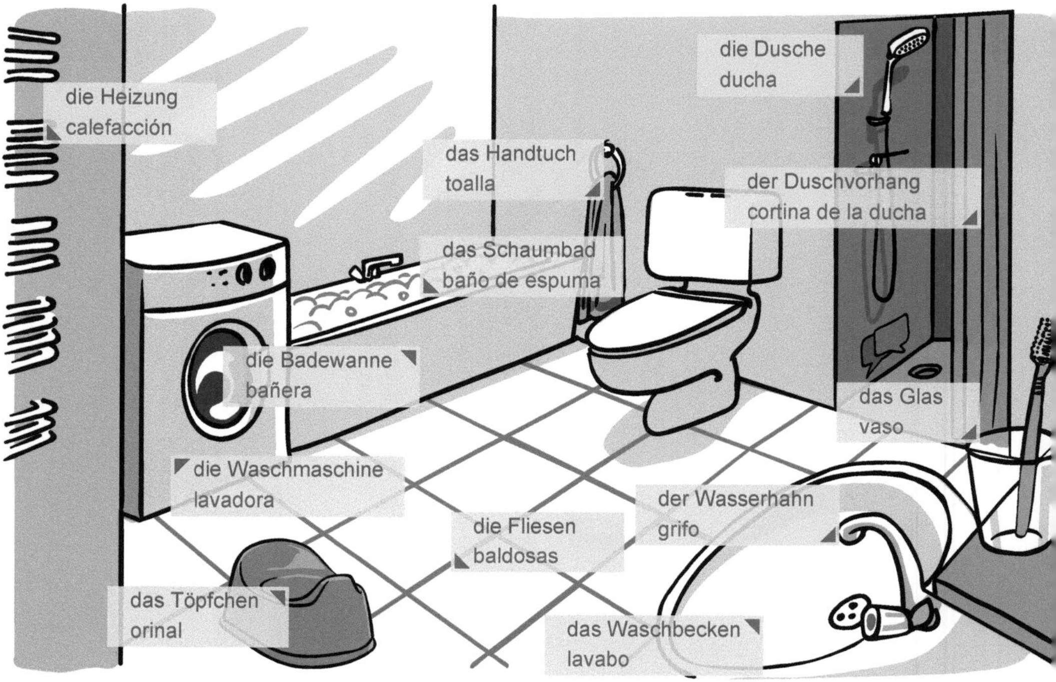
die Heizung
calefacción
die Dusche
ducha
das Handtuch
toalla
der Duschvorhang
cortina de la ducha
das Schaumbad
baño de espuma
die Badewanne
bañera
das Glas
vaso
die Waschmaschine
lavadora
der Wasserhahn
grifo
die Fliesen
baldosas
das Töpfchen
orinal
das Waschbecken
lavabo

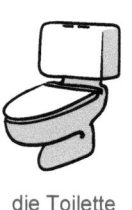

die Toilette

inodoro

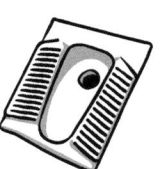

die Hocktoilette

inodoro rústico

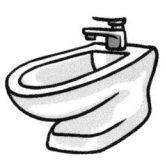

das Bidet

bidé

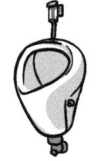

das Pissoir

urinario

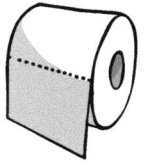

das Toilettenpapier

papel higiénico

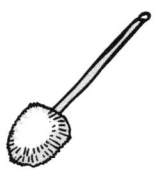

die Toilettenbürste

escobilla del váter

die Zahnbürste

cepillo de dientes

die Zahnpasta

pasta de dientes

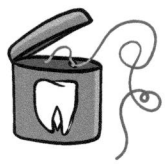

die Zahnseide

hilo dental

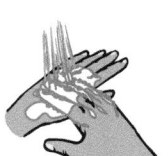

waschen

lavar

die Handbrause

ducha de mano

die Intimdusche

ducha íntima

die Waschschüssel

pila

die Rückenbürste

cepillo de espalda

die Seife

jabón

das Duschgel

gel de ducha

das Shampoo

champú

der Waschlappen

toallita

der Abfluss

desagüe

die Creme

crema

das Deodorant

desodorante

der Spiegel

espejo

der Kosmetikspiegel

espejo de tocador

der Rasierer

maquinilla de afeitar

der Rasierschaum

espuma de afeitar

das Rasierwasser

loción postafeitado

der Kamm

peine

die Bürste

cepillo

der Föhn

secador

das Haarspray

laca

das Makeup

maquillaje

der Lippenstift

pintalabios

der Nagellack

pintauñas

die Watte

algodón

die Nagelschere

cortauñas

das Parfum

perfume

der Kulturbeutel

estuche de viaje

der Hocker

banqueta

die Waage

balanza

der Bademantel

albornoz

die Gummihandschuhe

guantes de goma

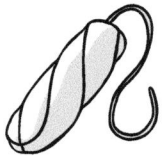

das Tampon

tampón

die Damenbinde

compresa

die Chemietoilette

inodoro químico

# das Kinderzimmer
# habitación de los niños

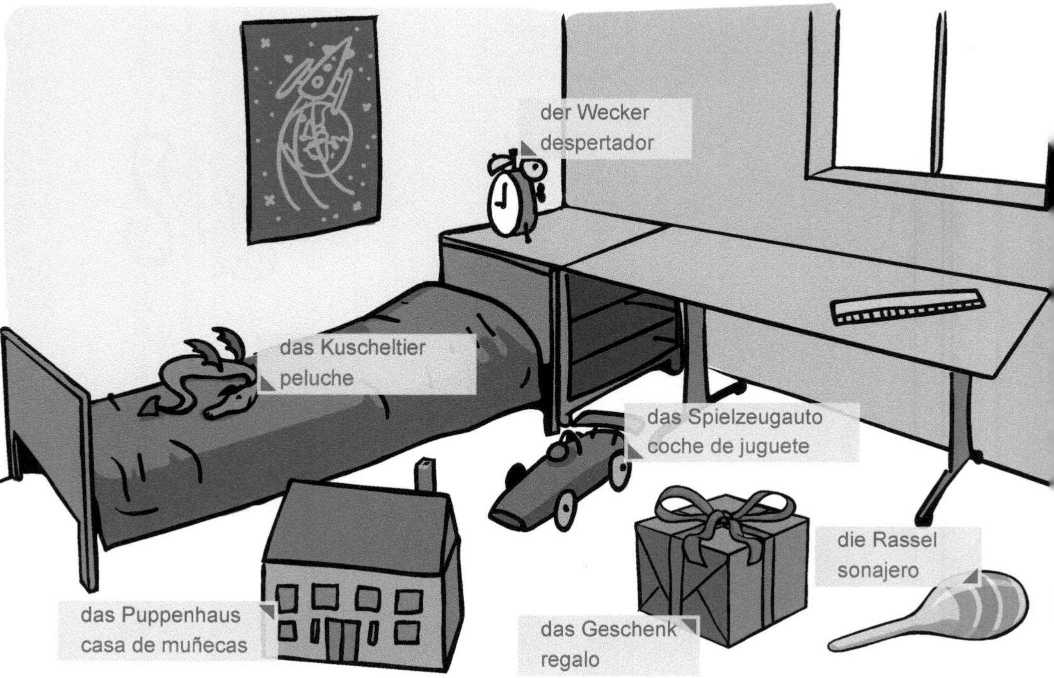

der Wecker
despertador
das Kuscheltier
peluche
das Spielzeugauto
coche de juguete
die Rassel
sonajero
das Puppenhaus
casa de muñecas
das Geschenk
regalo


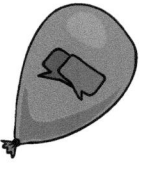

der Ballon

globo

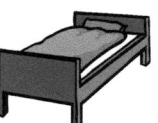

das Bett

cama

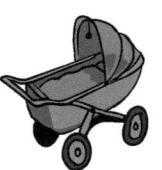

der Kinderwagen

coche de niño

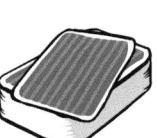

das Kartenspiel

naipes

das Puzzle

puzle

SUPER
MEGA


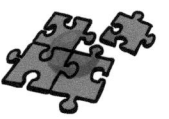

der Comic

tebeo

die Legosteine

piezas de lego

die Bausteine

bloques de juguete

die Action Figur

figura de acción

der Strampelanzug

bodi (de bebé)

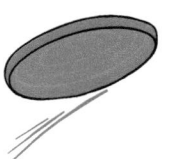

das Frisbee

frisbee

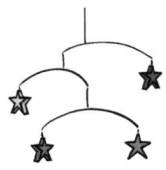

das Mobile

colgador móvil para bebés

das Brettspiel

juego de mesa

der Würfel

dados

die Modelleisenbahn

circuito de tren eléctrico

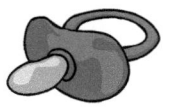

der Schnuller

maniquí

die Party

fiesta

das Bilderbuch

álbum de fotos

der Ball

pelota

die Puppe

muñeca

spielen

jugar

der Sandkasten

cajón de arena

die Schaukel

columpio

das Spielzeug

juguetes

die Spielkonsole

videoconsola

das Dreirad

triciclo

der Teddy

oso de peluche

der Kleiderschrank

guardarropa

# die Kleidung

## ropa

die Socken

calcetines

die Strümpfe

medias

die Strumpfhose

leotardos

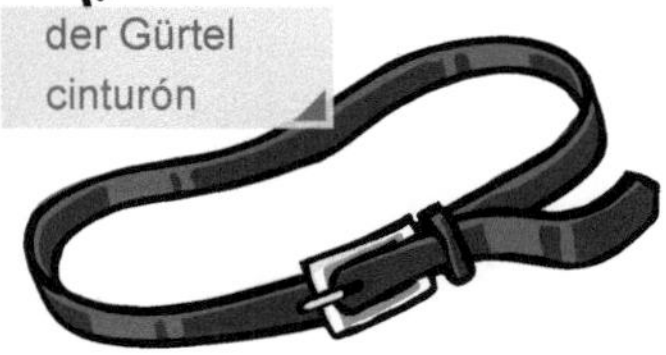

der Schal
bufanda

der Regenschirm
paraguas

der Gürtel
cinturón

das T-Shirt
camiseta

die Turnschuhe
deportivas

der Stiefel
botas

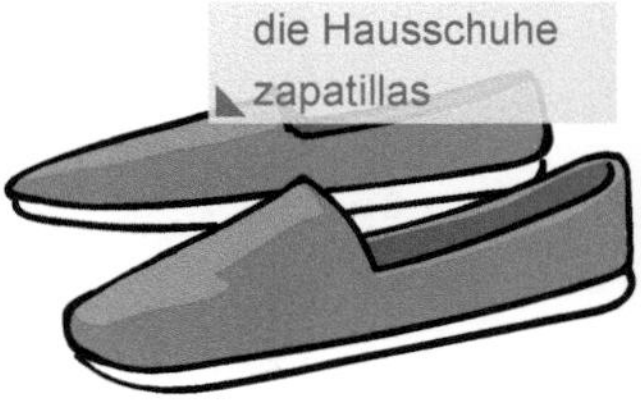

die Hausschuhe
zapatillas

die Sandalen
sandalias

die Schuhe
zapatos

die Gummistiefel
botas de goma

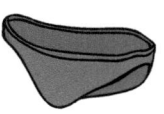

die Unterhose
slip

der Büstenhalter
sostén

das Unterhemd
chaleco

die Kleidung - ropa

der Body

bodi

die Hose

pantalones

die Jeans

vaqueros

der Rock

falda

die Bluse

blusa

das Hemd

camisa

der Pullover

jersey

der Kapuzenpullover

suéter

der Blazer

blazer

die Jacke

chaqueta

der Mantel

abrigo

der Regenmantel

gabardina

das Kostüm

traje

das Kleid

vestido

das Hochzeitskleid

vestido de novia

der Anzug

traje

das Nachthemd

camisón

der Schlafanzug

pijama

der Sari

sari

das Kopftuch

bandana

der Turban

turbante

die Burka

burka

der Kaftan

caftán

die Abaya

abaya

der Badeanzug

traje de baño

die Badehose

bañador

die kurze Hose

pantalones cortos

der Trainingsanzug

chándal

die Schürze

delantal

die Handschuhe

guantes

der Knopf

botón

die Brille

gafas

das Armband

brazalete

die Halskette

collar

der Ring

anillo

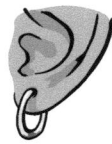

der Ohrring

pendiente

die Mütze

gorra

der Kleiderbügel

percha

der Hut

sombrero

die Krawatte

corbata

der Reißverschluss

cremallera

der Helm

casco

der Hosenträger

tirantes

die Schuluniform

uniforme escolar

die Uniform

uniforme

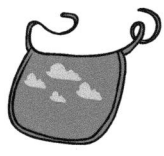

das Lätzchen

babero

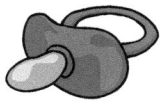

der Schnuller

maniquí

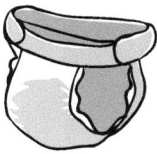

die Windel

pañal

# das Büro

## oficina

der Server
servidor
der Aktenschrank
archivo
das Papier
papel
der Drucker
impresora
der Monitor
monitor
die Maus
ratón
der Schreibtisch
escritorio
der Ordner
carpeta
die Tastatur
teclado
der Papierkorb
papelera
der Computer
ordenador
der Stuhl
silla

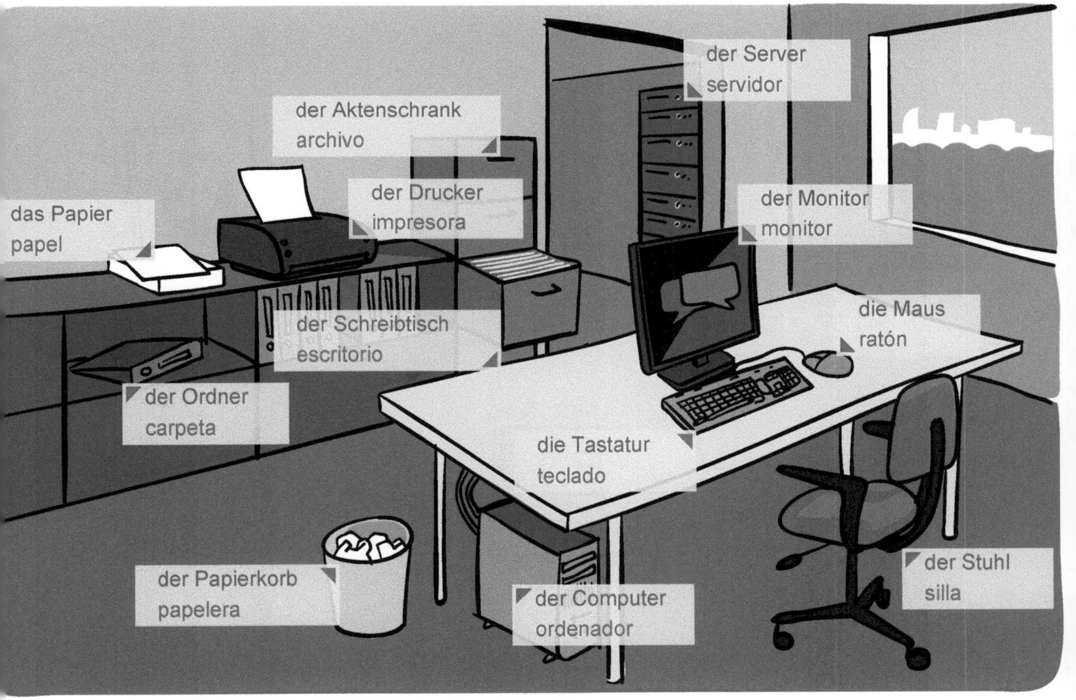

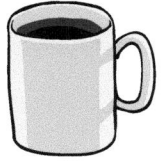

der Kaffeebecher

taza de café

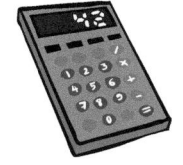

der Taschenrechner

calculadora

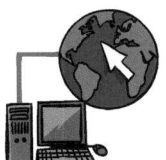

das Internet

internet

**der Laptop**
portátil

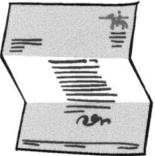

**der Brief**
carta

**die Nachricht**
mensaje

**das Handy**
móvil

**das Netzwerk**
red

**der Kopierer**
fotocopiadora

**die Software**
software

**das Telefon**
teléfono

**die Steckdose**
toma de corriente

**das Fax**
fax

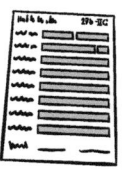

**das Formular**
formulario

**das Dokument**
documento

das Büro - oficina

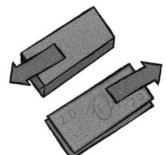

kaufen

comprar

bezahlen

pagar

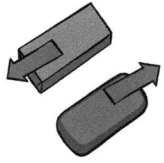

handeln

comerciar

das Geld

dinero

der Dollar

dólar

der Euro

euro

der Yen

yen

der Rubel

rublo

der Franken

franco suizo

der Renminbi Yuan

renminbi yuan

die Rupie

rupia

der Geldautomat

cajero automático

die Wechselstube

oficina de cambio de divisas

das Gold

oro

das Silber

plata

das Öl

petróleo

die Energie

energía

der Preis

precio

der Vertrag

contrato

die Steuer

impuesto

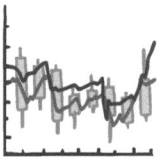

die Aktie

acción

arbeiten

trabajar

der Angestellte

empleado

der Arbeitgeber

empleador

die Fabrik

fábrica

das Geschäft

tienda

# die Berufe
## oficios

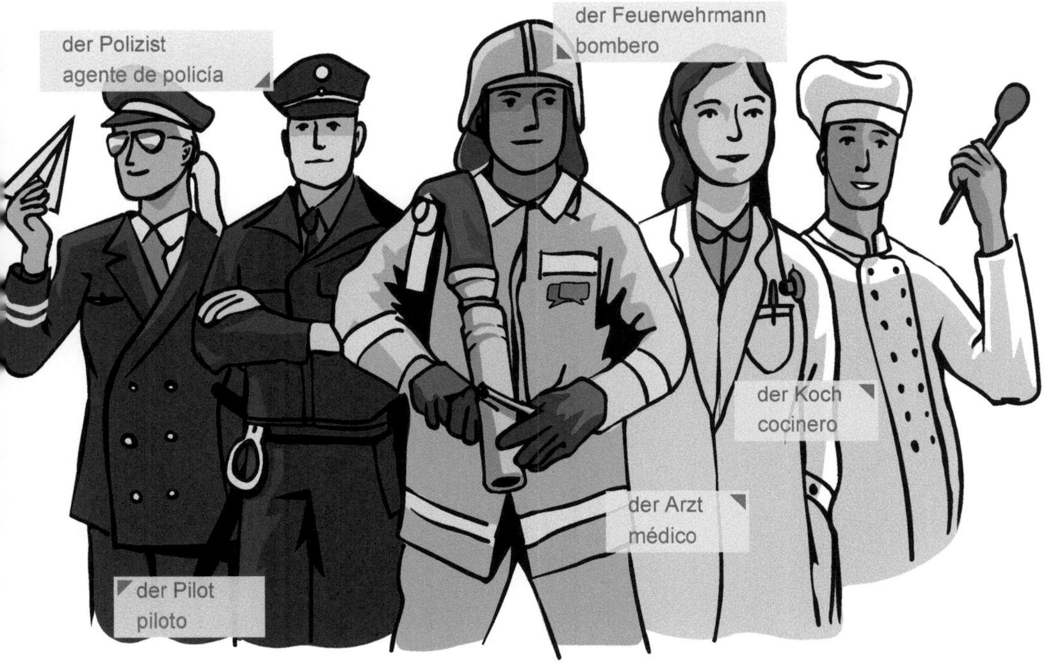
der Polizist
agente de policía
der Feuerwehrmann
bombero
der Koch
cocinero
der Arzt
médico
der Pilot
piloto

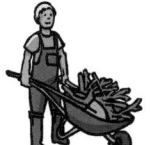

der Gärtner

jardinero

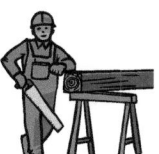

der Tischler

carpintero

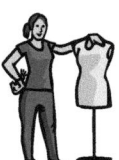

die Näherin

costurera

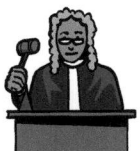

der Richter

juez

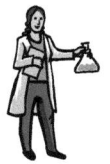

der Chemiker

farmacéutico

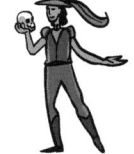

der Schauspieler

actor

der Busfahrer

conductor de autobús

der Taxifahrer

taxista

der Fischer

pescador

die Putzfrau

señora de la limpieza

der Dachdecker

techador

der Kellner

camarero

der Jäger

cazador

der Maler

pintor

der Bäcker

panadero

der Elektriker

electricista

der Bauarbeiter

obrero

der Ingenieur

ingeniero

der Schlachter

carnicero

der Klempner

fontanero

der Postbote

cartero

**der Soldat**

soldado

**der Architekt**

arquitecto

**der Kassierer**

cajero

**der Florist**

florista

**der Friseur**

peluquero

**der Schaffner**

revisor

**der Mechaniker**

mecánico

**der Kapitän**

capitán

**der Zahnarzt**

dentista

**der Wissenschaftler**

científico

**der Rabbi**

rabino

**der Imam**

imán

**der Mönch**

monje

**der Geistliche**

sacerdote

# die Werkzeuge
## herramientas

der Hammer
martillo
die Zange
alicates
der Schraubendreher
destornillador
der Schraubenschlüssel
llave
die Taschenlamp
linterna

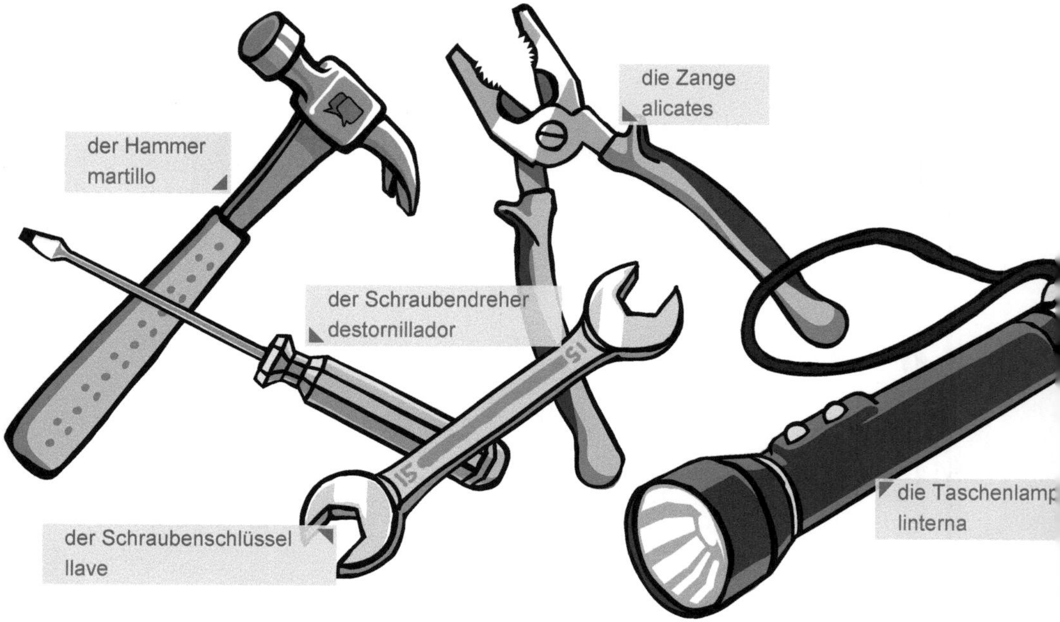

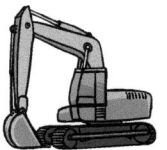

der Bagger

excavadora

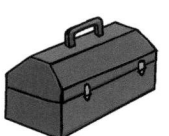

der Werkzeugkasten

caja de herramientas

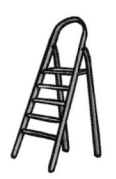

die Leiter

escalera de mano

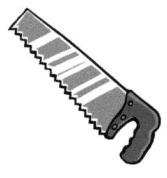

die Säge

sierra

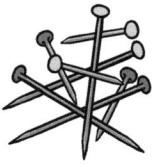

die Nägel

clavos

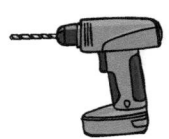

der Bohrer

taladro

reparieren

reparar

die Schaufel

pala

Mist!

¡Maldita sea!

das Kehrblech

recogedor

der Farbtopf

bote de pintura

die Schrauben

tornillos

## die Musikinstrumente
## instrumentos musicales

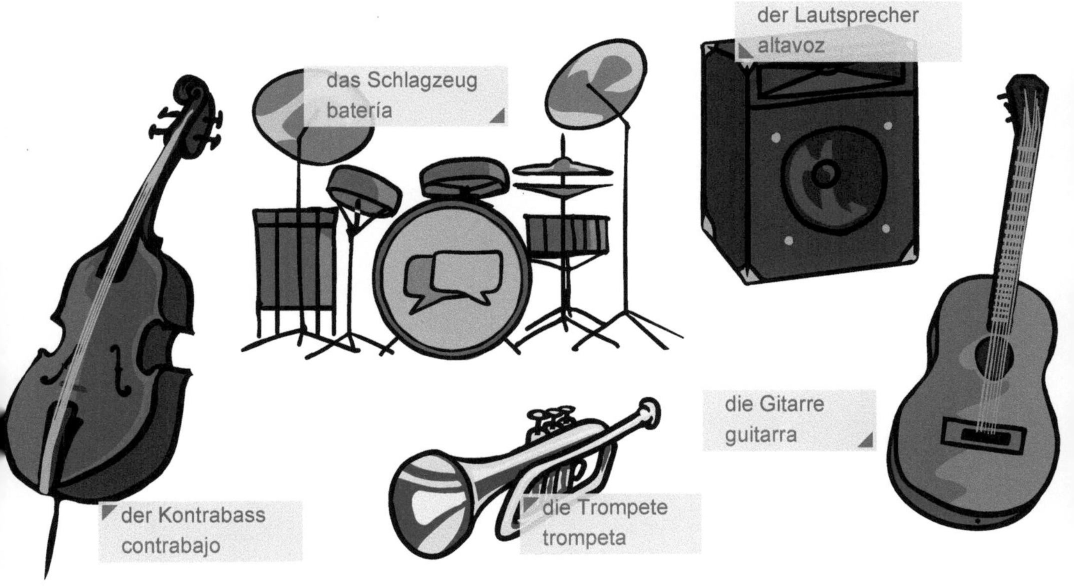

das Schlagzeug
batería

der Lautsprecher
altavoz

die Gitarre
guitarra

der Kontrabass
contrabajo

die Trompete
trompeta

das Klavier

piano

die Violine

violín

der Bass

bajo

die Pauke

timbales

die Trommeln

tambor

das Keyboard

teclado

das Saxophon

saxofón

die Flöte

flauta

das Mikrofon

micrófono

der Eingang
entrada

der Tiger
tigre

der Käfig
jaula

das Zebra
cebra

das Tierfutter
pienso

der Panda
panda

die Tiere

animales

der Elefant

elefante

das Känguruh

canguro

das Nashorn

rinoceronte

der Gorilla

gorila

der Bär

oso

das Kamel

camello

der Strauß

avestruz

der Löwe

león

der Affe

mono

der Flamingo

flamingo

der Papagei

loro

der Eisbär

oso polar

der Pinguin

pingüino

der Hai

tiburón

der Pfau

pavo real

die Schlange

serpiente

das Krokodil

cocodrilo

der Zoowärter

guardián de zoológico

die Robbe

foca

der Jaguar

jaguar

das Pony

poni

der Leopard

leopardo

das Nilpferd

hipopótamo

die Giraffe

jirafa

der Adler

águila

das Wildschwein

jabalí

der Fisch

pescado

die Schildkröte

tortuga

das Walross

morsa

der Fuchs

zorro

die Gazelle

gacela

das American Football
fútbol americano

das Radfahren
ciclismo

das Tennis
tenis

der Basketball
baloncesto

das Schwimmen
natación

das Boxen
boxeo

das Eishockey
hockey sobre hielo

der Fußball
fútbol

das Badminton
bádminton

die Leichtathletik
atletismo

der Handball
balonmano

das Skilaufen
esquí

das Polo
polo

# die Aktivitäten
# actividades

lachen
reír
springen
saltar
umarmen
abrazar
gehen
caminar
singen
cantar
träumen
soñar
beten
rezar
küssen
besar

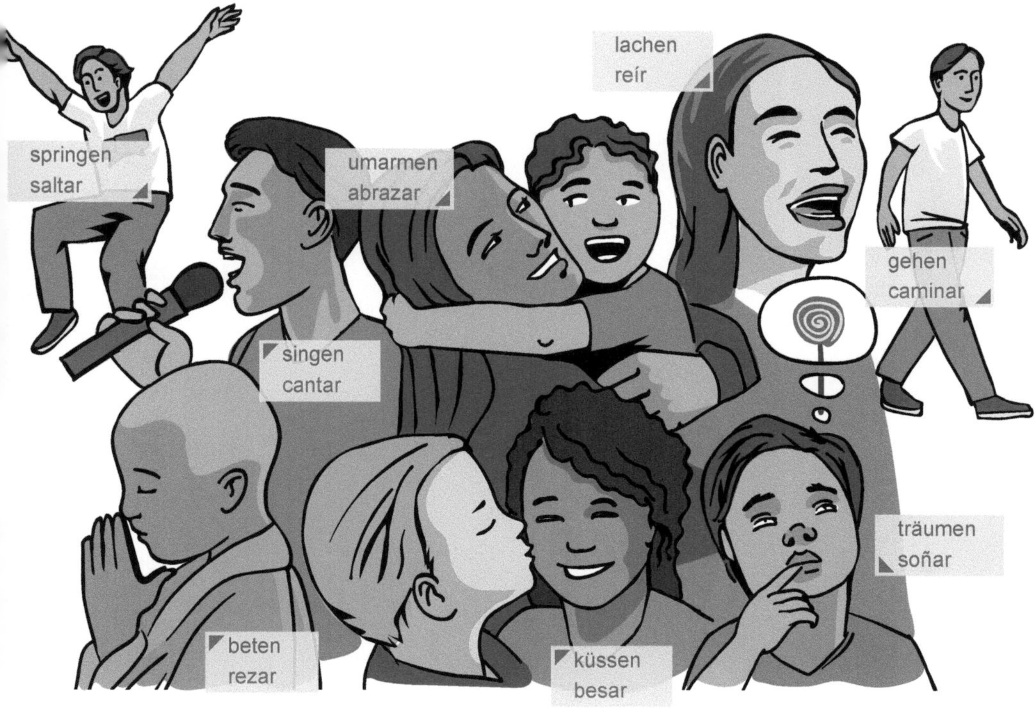

schreiben

escribir

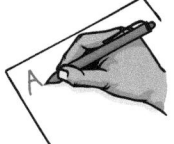

zeichnen

dibujar

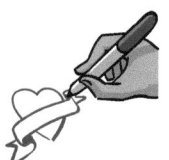

zeigen

mostrar

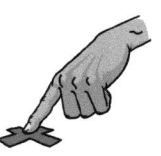

drücken

empujar

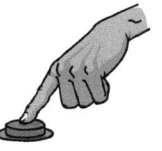

geben

dar

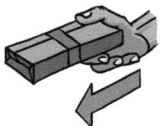

nehmen

tomar

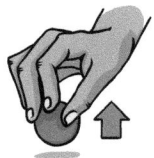

haben
tener

tun
hacer

sein
ser

stehen
estar de pie

laufen
correr

ziehen
tirar

werfen
tirar

fallen
caer

liegen
yacer

warten
esperar

tragen
llevar

sitzen
estar sentado

anziehen
vestirse

schlafen
dormir

aufwachen
despertar

ansehen
mirar

weinen
llorar

streicheln
acariciar

kämmen
peinar

reden
hablar

verstehen
entender

fragen
preguntar

hören
escuchar

trinken
beber

essen
comer

aufräumen
ordenar

lieben
amar

kochen
cocinar

fahren
conducir

fliegen
volar

die Aktivitäten - actividades

65

segeln

navegar

rechnen

calcular

lesen

leer

lernen

aprender

arbeiten

trabajar

heiraten

casarse

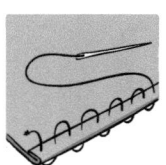

nähen

coser

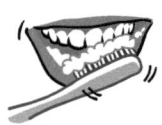

Zähne putzen

cepillarse los dientes

töten

matar

rauchen

fumar

senden

enviar

# die Familie
## familia

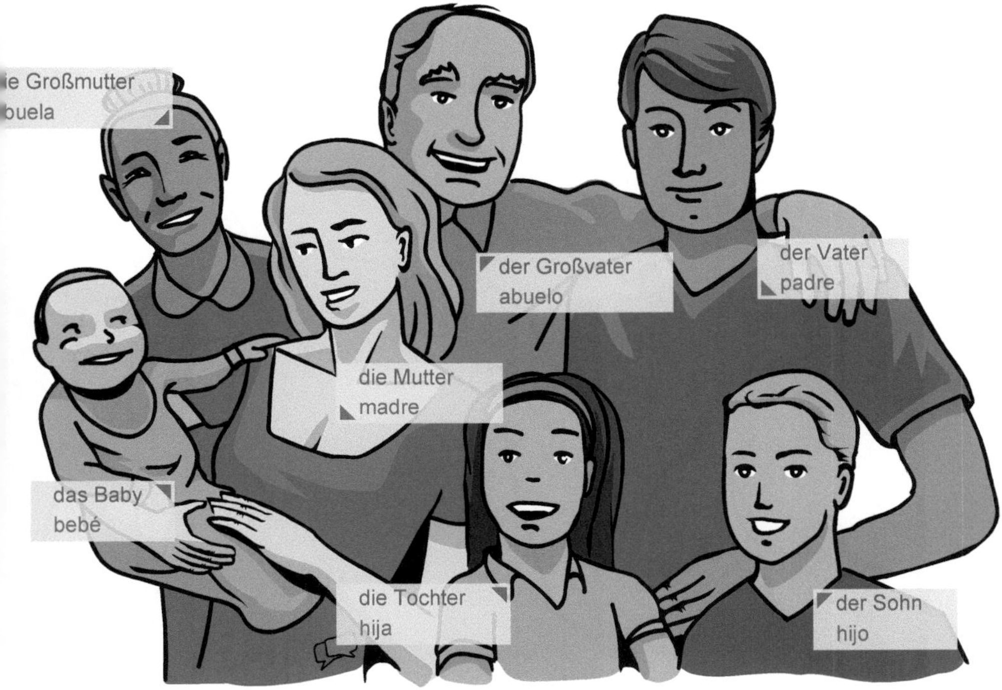
ie Großmutter
buela
der Großvater
abuelo
der Vater
padre
die Mutter
madre
das Baby
bebé
die Tochter
hija
der Sohn
hijo

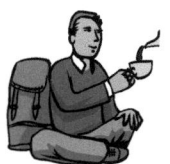

der Gast

invitado

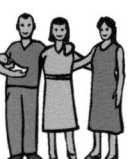

die Tante

tía

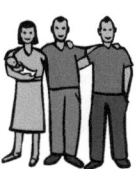

der Onkel

tío

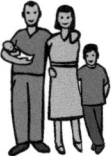

der Bruder

hermano

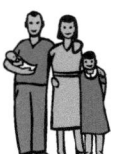

die Schwester

hermana

# der Körper

## cuerpo

die Stirn
frente
das Auge
ojo
die Schulter
hombro
der Finger
dedo
das Gesicht
cara
das Kinn
barbilla
die Hand
mano
das Bein
pierna
die Brust
pecho
der Arm
brazo


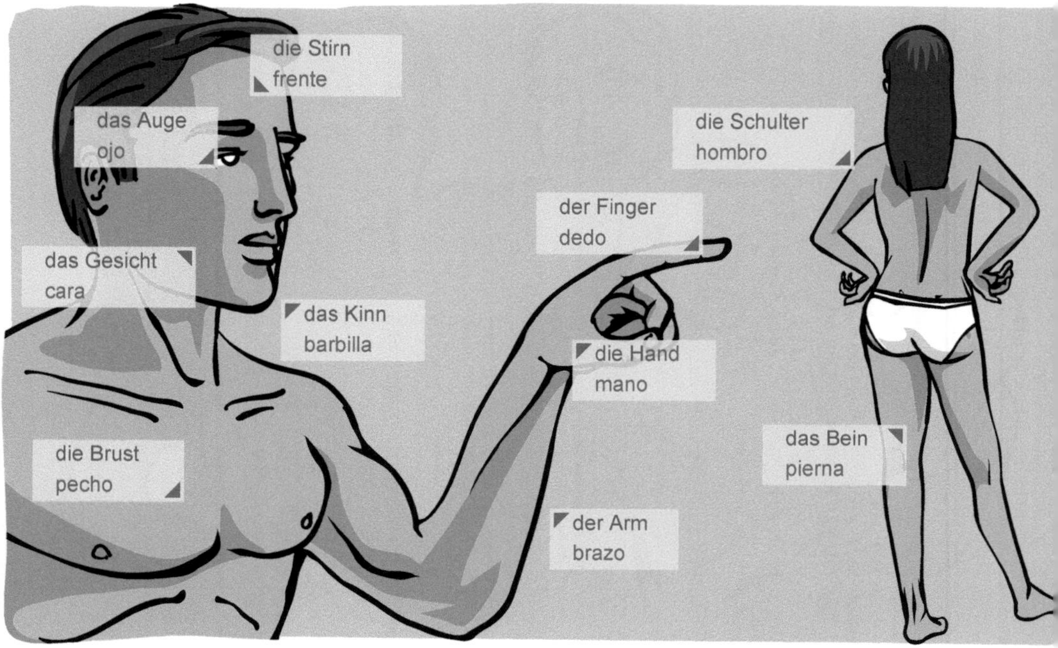

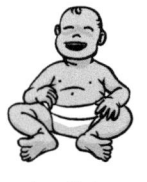

das Baby

bebé

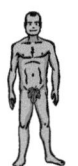

der Mann

hombre

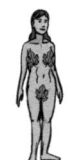

die Frau

mujer

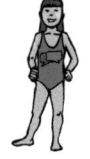

das Mädchen

chica

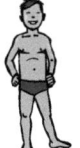

der Junge

chico

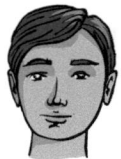

der Kopf

cabeza

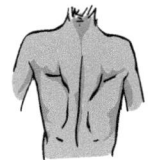

**der Rücken**

espalda

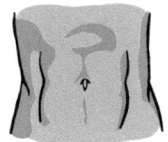

**der Bauch**

vientre

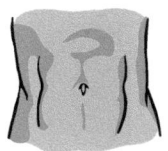

**der Nabel**

ombligo

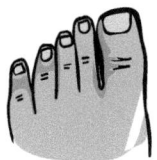

**der Zeh**

dedo del pie

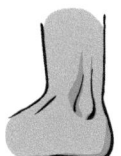

**die Ferse**

talón

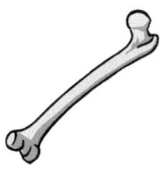

**der Knochen**

hueso

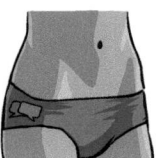

**die Hüfte**

cadera

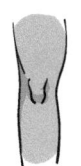

**das Knie**

rodilla

**der Ellenbogen**

codo

**die Nase**

nariz

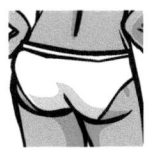

**das Gesäß**

trasero

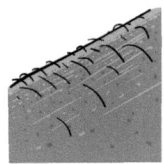

**die Haut**

piel

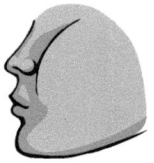

**die Wange**

mejilla

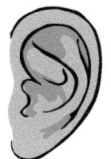

**das Ohr**

oído

**die Lippe**

labio

der Mund

boca

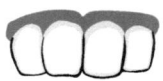

der Zahn

diente

die Zunge

lengua

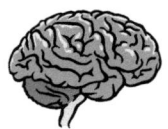

das Gehirn

cerebro

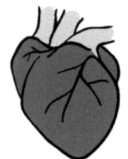

das Herz

corazón

der Muskel

músculo

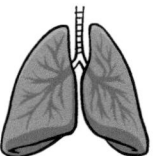

die Lunge

pulmón

die Leber

hígado

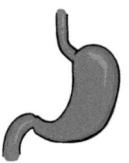

der Magen

estómago

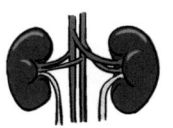

die Nieren

riñones

der Geschlechtsverkehr

sexo

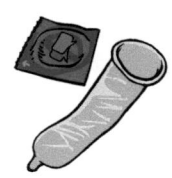

das Kondom

condón

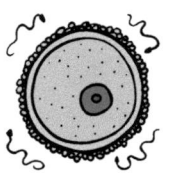

die Eizelle

ovario

das Sperma

semen

die Schwangerschaft

embarazo

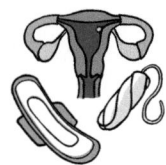

die Menstruation

menstruación

die Vagina

vagina

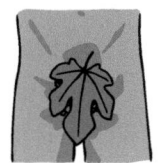

der Penis

pene

die Augenbraue

ceja

das Haar

pelo

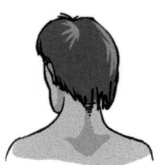

der Hals

cuello

# das Krankenhaus
## hospital

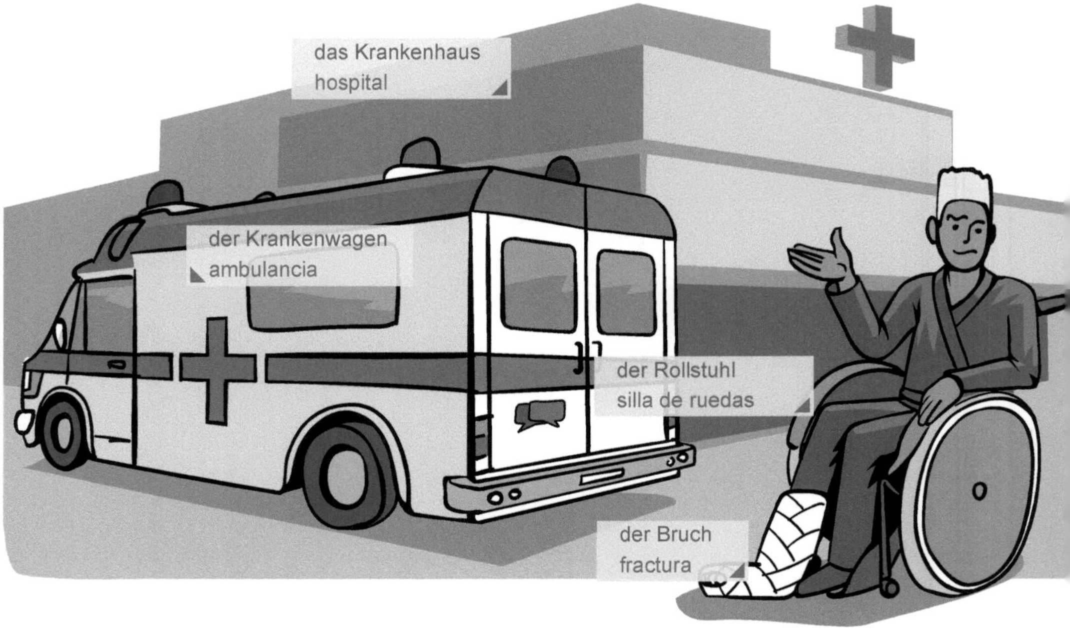

das Krankenhaus
hospital
der Krankenwagen
ambulancia
der Rollstuhl
silla de ruedas
der Bruch
fractura

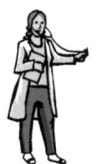

der Arzt

médico

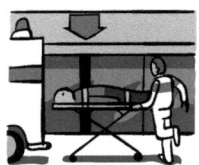

die Notaufnahme

sala de urgencias

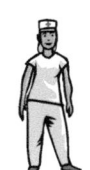

die Krankenschwester

enfermera

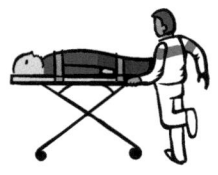

der Notfall

urgencia

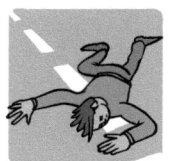

ohnmächtig

inconsciente

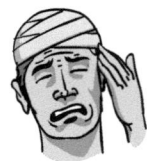

der Schmerz

dolor

die Verletzung

lesión

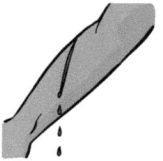

die Blutung

hemorragia

der Herzinfarkt

infarto

der Schlaganfall

ictus

die Allergie

alergia

der Husten

tos

das Fieber

fiebre

die Grippe

gripe

der Durchfall

diarrea

die Kopfschmerzen

dolor de cabeza

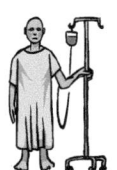

der Krebs

cáncer

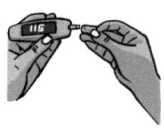

die Diabetis

diabetes

der Chirurg

cirujano

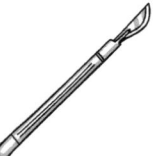

das Skalpell

bisturí

die Operation

operación

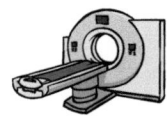

das CT

TAC

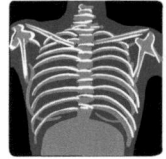

das Röntgen

rayos x

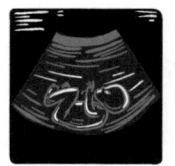

das Ultraschall

ultrasonido

die Maske

mascarilla

die Krankheit

enfermedad

das Wartezimmer

sala de espera

die Krücke

muleta

das Pflaster

tirita

der Verband

venda

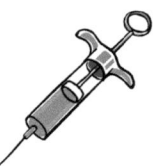

die Injektion

inyección

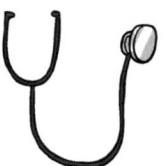

das Stethoskop

estetoscopio

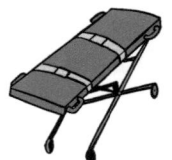

die Trage

camilla

das Thermometer

termómetro

die Geburt

nacimiento

das Übergewicht

sobrepeso

das Hörgerät

audífono

das Desinfektionsmittel

desinfectante

die Infektion

infección

das Virus

virus

das HIV / AIDS

VIH / SIDA

die Medizin

medicina

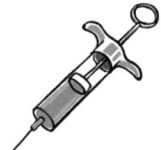

die Impfung

vacunación

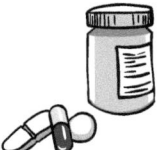

die Tabletten

tabletas

die Pille

pastilla

der Notruf

llamada de urgencia

das Blutdruck-Messgerät

tensiómetro

krank / gesund

enfermo / sano

das Krankenhaus - hospital

Hilfe!

¡Socorro!

der Alarm

alarma

der Überfall

asalto

der Angriff

ataque

die Gefahr

peligro

der Notausgang

salida de emergencia

Feuer!

¡Fuego!

der Feuerlöscher

extintor de incendios

der Unfall

accidente

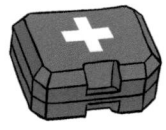

der Erste-Hilfe-Koffer

botiquín de primeros
auxilios

SOS

SOS

die Polizei

policía

das Europa

Europa

das Nordamerika

Norteamérica

das Südamerika

Sudamérica

das Afrika

África

das Asien

Asia

das Australien

Australia

der Atlantik

Atlántico

der Pazifik

Pacífico

der Indische Ozean

Océano Índico

der Antarktische Ozean

Océano Antártico

der Arktische Ozean

Océano Ártico

der Nordpol

polo norte

der Südpol

polo sur

die Antarktis

Antártida

die Erde

tierra

das Land

tierra

das Meer

mar

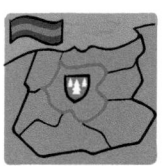

die Insel

isla

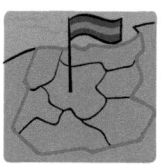

die Nation

nación

der Staat

estado

das Zifferblatt

esfera

der Stundenzeiger

manecilla de las horas

der Minutenzeiger

minutero

der Sekundenzeiger

segundero

Wie spät ist es?

¿Qué hora es?

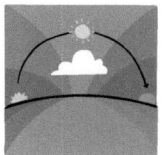

der Tag

día

die Zeit

tiempo

jetzt

ahora

die Digitaluhr

reloj digital

die Minute

minuto

die Stunde

hora

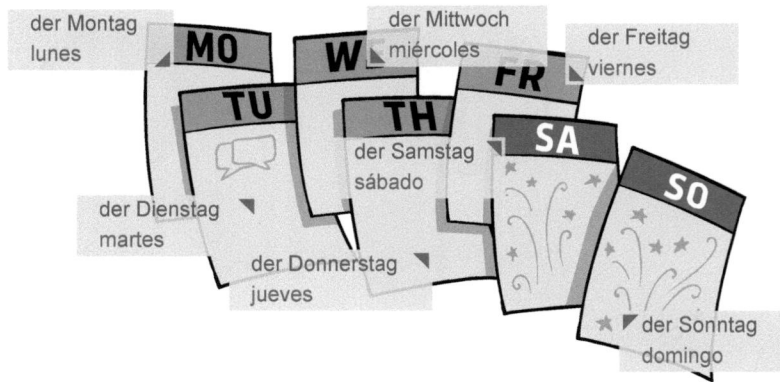

der Montag / lunes
der Mittwoch / miércoles
der Freitag / viernes
der Dienstag / martes
der Samstag / sábado
der Donnerstag / jueves
der Sonntag / domingo

gestern

ayer

heute

hoy

morgen

mañana

der Morgen

mañana

der Mittag

mediodía

der Abend

tarde

| MO | TU | WE | TH | FR | SA | SU |
|----|----|----|----|----|----|----|
| 1 | 2 | 3 | 4 | 5 | 6 | 7 |
| 8 | 9 | 10 | 11 | 12 | 13 | 14 |
| 15 | 16 | 17 | 18 | 19 | 20 | 21 |
| 22 | 23 | 24 | 25 | 26 | 27 | 28 |
| 29 | 30 | 31 | 1 | 2 | 3 | 4 |

die Arbeitstage

días laborables

| MO | TU | WE | TH | FR | SA | SU |
|----|----|----|----|----|----|----|
| 1 | 2 | 3 | 4 | 5 | 6 | 7 |
| 8 | 9 | 10 | 11 | 12 | 13 | 14 |
| 15 | 16 | 17 | 18 | 19 | 20 | 21 |
| 22 | 23 | 24 | 25 | 26 | 27 | 28 |
| 29 | 30 | 31 | 1 | 2 | 3 | 4 |

das Wochenende

fin de semana

# das Jahr
## año

der Regen
lluvia
der Regenbogen
arcoíris
der Schnee
nieve
der Wind
viento
der Frühling
primavera
der Herbst
otoño
der Sommer
verano
der Winter
invierno

4.APRIL 11°
5.APRIL 4°
6.APRIL 13°
7.APRIL 8°
8.APRIL 10°

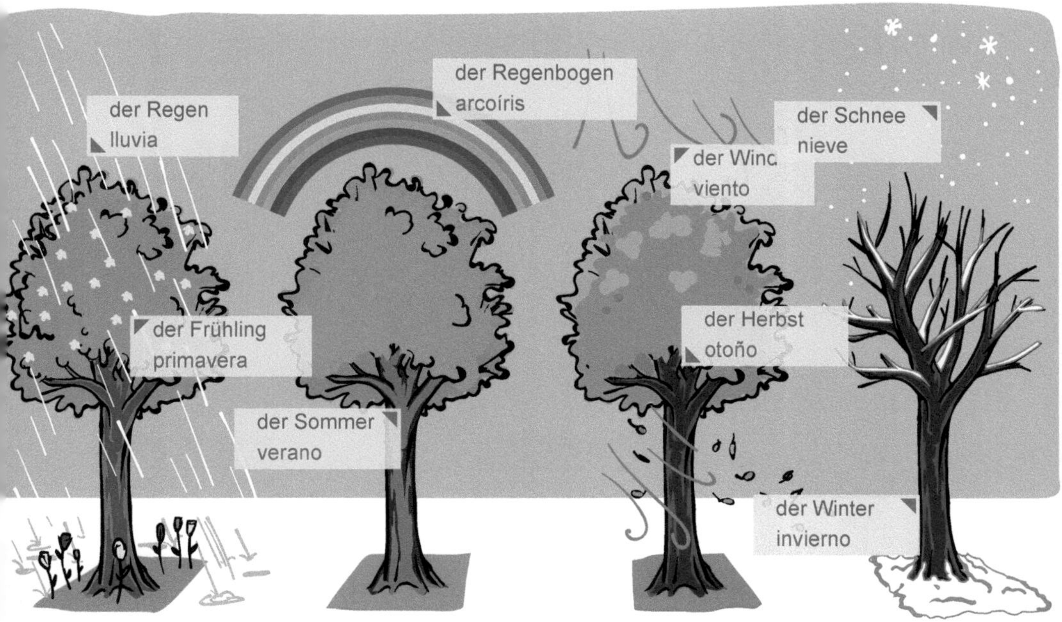

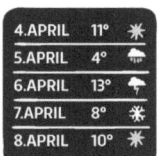

die Wettervorhersage
pronóstico del tiempo

F C
120 40
90 30
60 20
30 10
0 0
-30 -10
-20

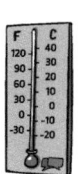

das Thermometer
termómetro

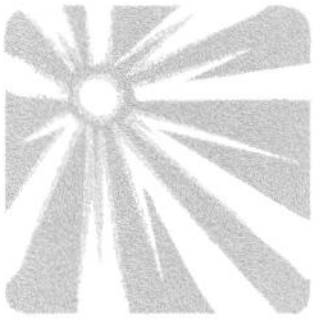

der Sonnenschein
sol

die Wolke
nube

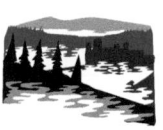

der Nebel
niebla

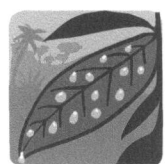

die Luftfeuchtigkeit
humedad

der Blitz

rayo

der Donner

trueno

der Sturm

tormenta

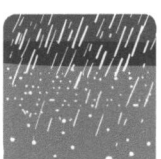

der Hagel

granizo

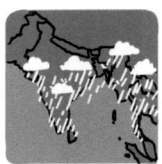

der Monsun

monzón

die Flut

inundación

das Eis

hielo

der Januar

enero

der Februar

febrero

der März

marzo

der April

abril

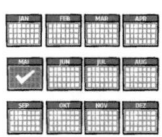

der Mai

mayo

der Juni

junio

der Juli

julio

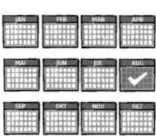

der August

agosto

der September
.....................
septiembre

der Oktober
.....................
octubre

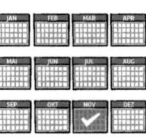

der November
.....................
noviembre

der Dezember
.....................
diciembre

## die Formen
## formas

der Kreis
.....................
círculo

das Quadrat
.....................
cuadrado

das Rechteck
.....................
rectángulo

das Dreieck
.....................
triángulo

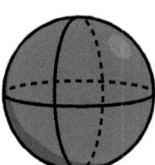

die Kugel
.....................
esfera

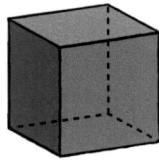

der Würfel
.....................
cubo

weiß

blanco

gelb

amarillo

orange

anaranjado

pink

rosa

rot

rojo

lila

morado

blau

azul

grün

verde

braun

marrón

grau

gris

schwarz

negro

viel / wenig

mucho / poco

wütend / friedlich

enojado / tranquilo

hübsch / hässlich

bonito / feo

der Anfang / das Ende

principio / fin

groß / klein

grande / pequeño

hell / dunkel

claro / oscuro

der Bruder / die Schwester

hermano / hermana

sauber / schmutzig

limpio / sucio

vollständig / unvollständig

completo / incompleto

der Tag / die Nacht

día / noche

tot / lebendig

muerto / vivo

breit / schmal

ancho / estrecho

genießbar / ungenießbar

comestible / no comestible

böse / freundlich

malo / amable

aufgeregt / gelangweilt

entusiasmado / aburrido

dick / dünn

gordo / delgado

zuerst / zuletzt

primero / último

der Freund / der Feind

amigo / enemigo

voll / leer

lleno / vacío

hart / weich

duro / blando

schwer / leicht

pesado / ligero

der Hunger / der Durst

hambre / sed

krank / gesund

enfermo / sano

illegal / legal

ilegal / legal

intelligent / dumm

inteligente / tonto

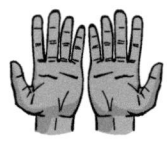

links / rechts

izquierda / derecha

nah / fern

cerca / lejos

die Gegenteile - opuestos

neu / gebraucht

nuevo / usado

nichts / etwas

nada / algo

alt / jung

viejo / joven

an / aus

encendido / apagado

offen / geschlossen

abierto / cerrado

leise / laut

silencioso / ruidoso

reich / arm

rico / pobre

richtig / falsch

correcto / incorrecto

rau / glatt

áspero / suave

traurig / glücklich

triste / contento

kurz / lang

corto / largo

langsam / schnell

lento / rápido

nass / trocken

húmedo / seco

warm / kühl

cálido / frío

der Krieg / der Frieden

guerra / paz

die Gegenteile - opuestos

# die Zahlen

## números

**0**

null

cero

**1**

eins

uno

**2**

zwei

dos

**3**

drei

tres

**4**

vier

cuatro

**5**

fünf

cinco

**6**

sechs

seis

**7**

sieben

siete

**8**

acht

ocho

**9**

neun

nueve

**10**

zehn

diez

**11**

elf

once

| **12** | **13** | **14** |
|---|---|---|
| zwölf | dreizehn | vierzehn |
| doce | trece | catorce |

| **15** | **16** | **17** |
|---|---|---|
| fünfzehn | sechzehn | siebzehn |
| quince | dieciséis | diecisiete |

| **18** | **19** | **20** |
|---|---|---|
| achtzehn | neunzehn | zwanzig |
| dieciocho | diecinueve | veinte |

| **100** | **1.000** | **1.000.000** |
|---|---|---|
| hundert | tausend | million |
| cien | mil | millón |

Englisch

inglés

Amerikanisches Englisch

inglés americano

Chinesisch Mandarin

chino mandarín

Hindi

hindi

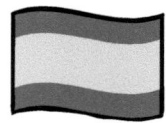

Spanisch

español

Französisch

francés

Arabisch

árabe

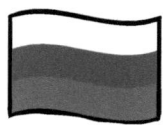

Russisch

ruso

Portugiesisch

portugués

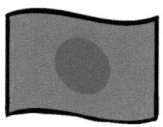

Bengalisch

bengalí

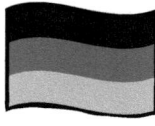

Deutsch

alemán

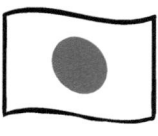

Japanisch

japonés

ich
yo

du
tú

er / sie / es
él / ella / ello

wir
nosotros/as

ihr
vosotros/as

sie
ellos/as

wer?
¿quién?

was?
¿qué?

wie?
¿cómo?

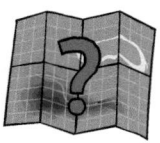

wo?
¿dónde?

wann?
¿cuándo?

Name
nombre

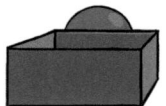

hinter

detrás

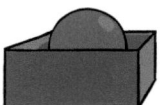

in

en

vor

delante de

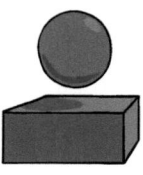

über

por encima de

auf

sobre

unter

debajo de

neben

junto a

zwischen

entre

der Ort

lugar